ICONS

Le design du 21e siècle

Volume 2

Édité par Charlotte & Peter Fiell

AD / TASCHEN

Édition du Architectural Digest (AD)
Avec l'autorisation des Éditions TASCHEN

© 2003 TASCHEN GmbH
Hohenzollernring 53, D–50672 Köln
www.taschen.com

Coordination éditoriale: Julia Krumhauer, Cologne
Design: UNA (London) designers
Production: Martina Ciborowius, Cologne
Traduction: Philippe Safavi, Paris

Printed in Italy
ISBN 3–8228–3131–X

« L'objectif fondamental du design est
de formuler des questions essentielles
ou d'y répondre. »

Harri Koskinen

Harri Koskinen, c/o Hackman Designor Oy Ab, Iittala Glass, 14 500 Iittala, Finland
T +358 204 39 6318 F +358 204 39 6303 harri.koskinen@designor.com

« J'écris sur le futur du design, mon futur et celui de nous tous.
A l'heure actuelle, je conçois des produits de consommation qui
me sont commandés par des sociétés qui les fabriquent. Ces produits
sont destinés à être utilisés quotidiennement dans un avenir proche.
Lorsqu'elles me passent une commande, les entreprises m'expliquent
une situation qu'elles veulent voir se réaliser au plus tôt : ce dont le
consommateur a besoin et ce dont on a décidé qu'il aurait besoin.
Les problèmes sont très réalistes, impliquant des améliorations aux
produits déjà disponibles ainsi que de nouvelles perspectives. Ce qui
m'intéresse dans mon travail ce sont mes intuitions, les moments où
je trouve une solution qui débouchera sur des produits plus fonctionnels et plus faciles à fabriquer.
A l'avenir, nous occuperons l'instant présent plus que nous le faisons
actuellement. Nos victoires personnelles nous donneront davantage de
raisons de nous battre. Nous développons une nouvelle conscience en
la cherchant. Satisfaire nos besoins de base reste encore notre activité
principale. De l'autre côté de l'océan, il y a peut-être encore des terres
arables à cultiver.
Le design joue un rôle dans tout ceci, mais, d'un autre côté, il en
est également très éloigné. A l'avenir, nous réfléchirons davantage
à l'avenir. » HARRI KOSKINEN

1. **Tools** ustensiles de cuisine pour
l'extérieur pour Hackman, 2000
2. ↓ **Block** lampe pour Design House
Stockholm, 1998

3

4

5

6

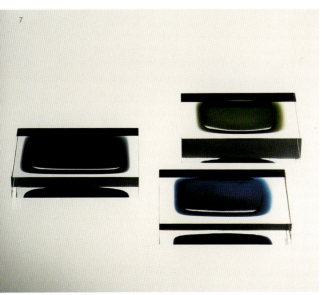

7

3. **Air** récipient pour Arabia, 2001
4. **Slow** lampe (pièce unique), 2000
5. **Ètagères** (prototype), 2000
6. **Atlas** bougeoir & vase pour Iittala, 1996
7. **Alue** bols pour la série Pro Arte Collection, Iittala, 2000

« Ce n'est l'avenir que
si c'est irréalisable. »

Ross Lovegrove

Ross Lovegrove, Studio X, 21, Powis Mews, London W11 1JN, England
T +44 20 7229 7104 F +44 20 7229 7032 studiox@compuserve.com

« Nous entrons dans une ère unique de réévaluation de nous-mêmes et
de notre habitat. Nous avons atteint un niveau de confiance en nos
capacités créatives qui alimente un degré sans précédent de recherche
dans tous les domaines. Le processus qui nous permet de découvrir de
nouvelles possibilités est rapidement accéléré par la technologie infor-
matique, une technologie dont nous avons toujours su qu'elle ouvrirait
nos esprits. De fait, c'est ce concept d'inexorabilité qui m'intrigue, surtout quand il est appliqué au monde que nous voyons et touchons …
notre monde physique. A mesure que les frontières deviennent floues,
ce monde deviendra de plus en plus étrange et imprévisible. L'ironie de
tout ceci est que, au bout du compte, la créativité engendrée par une
telle liberté ramènera l'homme à la nature, à sa composition organique,
à ses objectifs et à ses formes qui ne seront plus limitées par l'imagination de l'homme.
Le design organique découle de la pensée organique. Il émeut les gens
de l'intérieur vers l'extérieur, stimulant de profondes résonances pri-
mordiales qui transcendent les tendances superficielles. Jusqu'ici, nous
ne faisions que deviner, mais la beauté extraordinaire et impérissable
des œuvres d'art organiques suggère que l'association d'intuition brute
et d'un degré de logique cellulaire, fractale, influencera inévitablement
la forme et la matérialité du monde fabriqué par l'homme, des auto-
mobiles à l'architecture. » ROSS LOVEGROVE

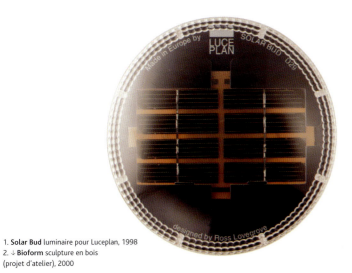

1. **Solar Bud** luminaire pour Luceplan, 1998
2. ↓ **Bioform** sculpture en bois
(projet d'atelier), 2000

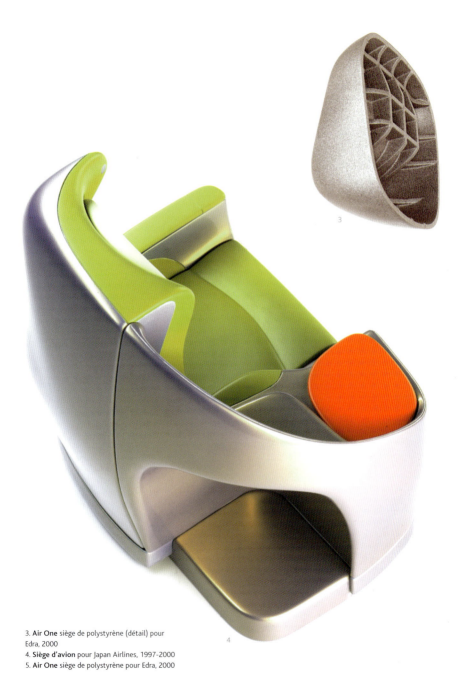

3. **Air One** siège de polystyrène (détail) pour
Edra, 2000
4. **Siège d'avion** pour Japan Airlines, 1997-2000
5. **Air One** siège de polystyrène pour Edra, 2000

« Notre objectif est de résoudre des problèmes commerciaux en reliant les marques, la technologie et les consommateurs par des moyens innovateurs et irrésistibles. »

Lunar Design

Lunar Design, 537, Hamilton Avenue, Palo Alto, California 94 301, USA
T + 650 326 7788 F +650 326 2420 info@lunar.com www.lunar.com

« En quelques années, l'Internet a révolutionné la manière de faire des affaires. Il a déjà déclenché la transition de la "production de masse" au "sur mesure de masse". Les entrepreneurs n'ont plus besoin d'attendre qu'un détaillant présente leurs produits. Les consommateurs ne sont plus limités à la marchandise en stock dans les magasins. Pour les designers, le "sur mesure de masse" représente un sérieux défi : celui de développer des produits souples et des systèmes modulaires qui offrent des choix censés aux consommateurs.

A mesure que la technologie devient de plus en plus transparente et compacte, les produits servent des objectifs toujours plus complets. La taille et l'aspect des articles de demain refléteront de plus en plus leur capacité à rendre un service, à informer sur les avantages de telle ou telle marque, à traduire les préférences des consommateurs.

Les designers d'aujourd'hui sont investis d'une lourde responsabilité : ils doivent créer des produits qui communiquent les promesses d'une marque, qui puissent être fabriqués de manière efficace à un haut niveau de qualité, et qui "parlent" de manière convaincante à ceux qui les achèteront et les utiliseront. Les produits du futur devront également respecter davantage l'environnement. C'est d'autant plus important que des marchés de consommateurs émergent dans les pays en voie de développement, ce qui ne manquera pas d'étirer encore les ressources naturelles. » LUNAR DESIGN

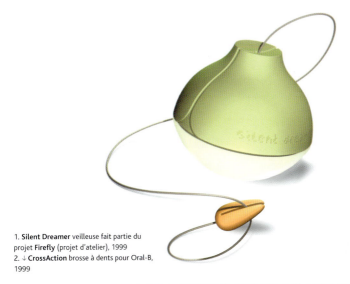

1. **Silent Dreamer** veilleuse fait partie du
projet **Firefly** (projet d'atelier), 1999
2. ↓ **CrossAction** brosse à dents pour Oral-B,
1999

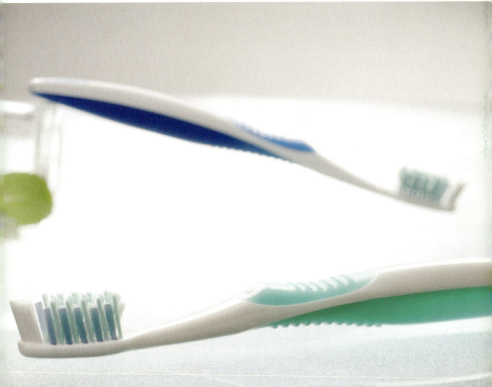

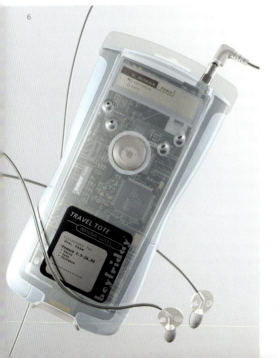

5

3. ← **HP Pavilion FX70** écran plat pour Hewlett Packard, 1999
4. **HMD-A200, FD Trinitron** écran d'ordinateur pour Sony, 1999
5. **Daisy Glow** veilleuse fait partie du projet **Firefly** (projet d'atelier), 1999
6. **Guide personnel de voyage** appartient à la ligne **Service as Product** (projet d'atelier), 1998
7. **PoP** veilleuse fait partie du projet **Firefly** (projet d'atelier), 1999

4

6

7

« La forme est ce qui est là, pas ce qui semble être là. Par conséquent, nous devons parler en termes de travail qui crée la forme. »

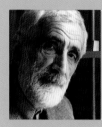

Enzo Mari

Enzo Mari, Enzo Mari e Associati, Piazzale Baracca 10, 20 123 Milan, Italy
T +39 02 481 7315 F +39 02 469 3651

« Nous devons retrouver la puissance originelle du design à créer une utopie. S'il s'agit d'une allégorie de la transformation potentielle, le message doit parvenir au plus grand nombre. Ceux qui savent que notre environnement est aliéné doivent continuer à guider cette transformation. Aujourd'hui, les mécanismes dirigés par la révolution de l'information engloutissent toutes les idées vomies sous la forme de marchandises. Au cours des décennies à venir, il faudra avant tout découvrir les démarches adéquates capables d'isoler la notion de transformation des questions superflues. Pour ce faire, le concept idéal devra se distinguer de tous ceux générés par des anarchies irresponsables, qui rejettent ou banalisent l'élan vers l'utopie en rendant impossible toute implication du peuple. Pendant ce temps, il vaudrait la peine de promouvoir une acceptation générale du principe selon lequel "l'éthique doit guider tout forme de design" (un code similaire au serment d'Hippocrate). »

ENZO MARI

1. **Alta Pressione** Cocotte-minute pour
Zani e Zani, 1998
2. ↓ **Ypsilon** table pour Magis, 1999

3. ← **Miss Tea** théière et chauffe-théière pour Leonardo, 1998
4. **Sigmund** lit de repos pour Arte e Cuoio, 1999
5. **Elastica** coupe à fruits pour Zani e Zani, 1999
6. **Dama** pouf pour Arte e Cuoio, 1999

« Tout produit nouveau doit innover. »

J Mays

J Mays, c/o Product Development Center, Ford Motor Company,
20 901 Oakwood Blvd., Dearborn MI 48 124-4077, USA
T +313 621 6089 F +313 845 1119 media@ford.com www.media.ford.com

« Un bon design repose sur trois éléments : la simplicité, la crédibilité
et les attentes du consommateur. Le designer a pour tâche de créer
un design qui communique la nature du produit, établit un lien émo-
tionnel avec le consommateur et, dans le meilleur des cas, élargit le
vocabulaire du genre. Par exemple, communiquer la nature d'un produit ne signifie pas simplement refléter ce que fait le produit, sa fonction. Cela implique de transmettre de manière crédible le caractère
du produit : son intégrité, ses qualités essentielles et la promesse de
sa marque. En bref, les attributs critiques qui le distinguent des autres.
Au lieu de chercher de nouveaux moyens de communiquer avec le
consommateur, on est trop souvent en train d'espionner ce que fait
le voisin sur sa planche à dessin. Résultat, nous passons régulièrement
par des cycles où le travail de tout le monde se ressemble. Je vois
deux remèdes à cela. Tout d'abord, nous devons être prêts à explorer
de nouvelles idées sur l'aspect des produits en nous basant sur d'autres
éléments importants du mode du vie du consommateur. Ensuite, nous
devons reconnaître qu'un design ne communique pas uniquement
à travers sa forme. Plus nous stimulerons nos sens, plus l'expérience
du produit sera forte. Quant à l'avenir, plus notre culture deviendra
complexe, plus nous apprécierons les messages simples et crédibles
qui feront appel à nos émotions et refléteront nos aspirations. » J. MAYS

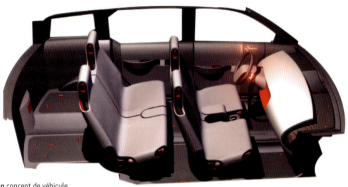

1.-2. **24.7 Wagon** concept de véhicule
(intérieur et image projetée reconfigurable
commandée à la voix) pour Ford Motor
Company, 2000

3.-4. ← **(My) Mercury** concept de véhicule
(ouverture des portières arrière) pour Ford
Motor Company, 1999
5. **24.7 PickUp** concept de véhicule pour
Ford Motor Company, 2000

« La tentative d'accomplir des choses simples répond à ce qu'on pourrait appeler un besoin " biologique " de simplicité. Puisque nous sommes des êtres complexes, entourons-nous au moins d'objets simples. »

Alberto Meda

Alberto Meda, Via Savona 97, 20 144 Milan, Italy
T +39 02 422 90157 F +39 02 477 16169 a.meda@planet.it

« Le design n'est pas un processus linéaire, c'est une activité assez complexe qui ressemble à un jeu stratégique mais où, bizarrement, les règles changeraient constamment. C'est ce qui le rend si fascinant et mystérieux. La technologie élargit le champ de la connaissance, mais son développement ne doit pas avancer sans justification, sans prendre en considération ses répercussions. La technologie pour la technologie peut être très dangereuse.

Nous devons rejeter les produits industriels qui ne prennent pas en compte les besoins humains. La technologie n'est pas une fin en soi mais un moyen de produire des objets capables d'améliorer de manière expressive l'espace autour d'eux. Paradoxalement, plus la technologie devient complexe, plus elle est en mesure de générer des objets à l'image simple, unitaire, " quasi organique ".

Le design devrait être considéré comme une stratégie s'inspirant du domaine de l'imaginaire technologique. Son but n'est pas d'invoquer une image mettant en avant la pensée scientifique et technique, et donc la technologie en soi, mais d'utiliser cette dernière comme un moyen esthétique et figuratif d'interpréter et d'explorer les performances possibles. Je ressens le besoin de produire des objets ayant une qualité culturelle reconnaissable, qui aient un " sens " en plus d'une " forme ". En d'autres termes, le design devrait servir à fabriquer des produits résolvant des problèmes irrésolus. » ALBERTO MEDA

1. **Floating Frame** chaise pour Alias, 2000
2. ↓ **Fortebracco** lampe d'architecte pour
Luceplan (conçue avec Paolo Rizzatto),
1998

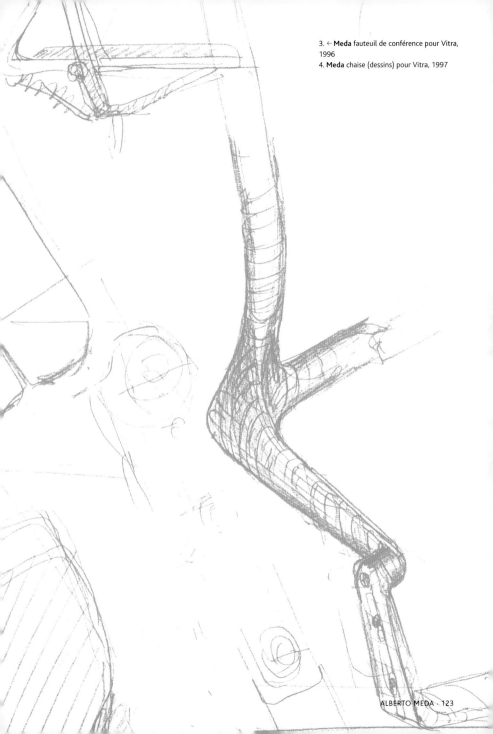

3. ← **Meda** fauteuil de conférence pour Vitra, 1996

4. **Meda** chaise (dessins) pour Vitra, 1997

« Conservez un objet pendant sept ans et vous finirez par lui trouver une utilité. »
(proverbe irlandais)

Jasper Morrison

Jasper Morrison, Office for Design

« Il y a plusieurs avenirs possibles pour le design, mais imaginons d'abord le meilleur. Le design (le vrai) sature progressivement tous les domaines de l'industrie, apportant une qualité esthétique et matérielle exceptionnelle aux produits, qui peuvent être commercialisés à des prix abordables, enrichissant notre quotidien au-delà de toute espérance. A présent, un avenir moins désirable : les gens du marketing s'emparent de l'industrie et le saturent avec leur idée du design (pas le vrai), inondant le monde d'articles inutiles dont personne ne sait quoi faire, à part les offrir à d'autres. Comme d'habitude, le futur réside quelque part entre ces deux extrêmes. » JASPER MORRISON

1. **Glo-ball** plafonnier pour Flos, 1998
2. ↓ **Three** canapé pour Cappellini, 1992

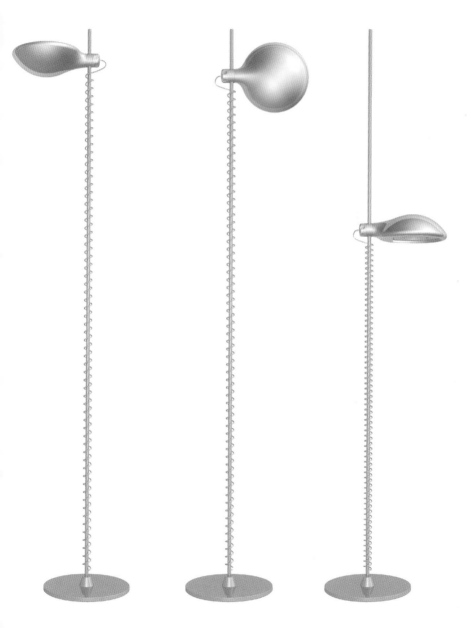

« J'aborde le design d'une manière
assez subliminale, ce qui est aussi bien
parce que je n'ai pas le temps de trop
y penser ... »

Marc Newson

Marc Newson, Marc Newson Ltd., 1, Heddon Street, London W1R 7LE, England
T +44 20 7287 9388 F +44 20 7287 9347 pod@marc-newson.com www.marc-newson.com

« Il ne fait aucun doute que le design jouera un rôle plus important
dans notre vie à l'avenir, que ça nous plaise ou non. Il jouera certaine-
ment un rôle plus important dans les grandes entreprises. Dans un
sens, c'est comme s'il renaissait en ce moment même, coïncidant
étrangement avec le nouveau millénaire. De même, je suppose que le
terme "design" deviendra de plus en plus familier pour tout le monde.
J'espère seulement qu'il ne sera pas uniquement une accroche commerciale mais qu'il sera synonyme de qualité et d'amélioration. »

MARC NEWSON

1. **Sygma** patère pour Alessi, 1997-99
2. ↓ **W. & L. T.** présentoir de boutique pour Walter Van Beirendonck, 1996-97

3. ← **W. & L.T.** présentoir de boutique pour Walter Van Beirendonck, 1996-97
4. **Orgone** chaise en plastique pour Pod, 1998
5. **Bouchon de baignoire** pour Alessi, 1997
6. **David Gill** chaise pour B&B Italia, 1998

« En tant que designers, nous recherchons la surprise, la beauté, l'inventivité, la curiosité, l'intelligence et la joie. »

PearsonLloyd

Luke Pearson & Tom Lloyd, PearsonLloyd, 42 -46, New Road, London E1 2AX, England
T +44 207 377 0560 F +44 207 377 0550 mail@pearsonlloyd.co.uk www.pearsonlloyd.co.uk

« Nous présentons un design "industriel" qui nourrit et encourage la pollinisation croisée des cultures et des technologies en mélangeant les domaines, les techniques et les fonctions. Cela nous vient de notre goût des matières, des procédés et de la manière dont les choses s'assemblent. En travaillant avec des procédés qui ne sont pas "les nôtres", nous pouvons jouer et expérimenter sans jamais être enchaînés par la perception traditionnelle de la manière dont ces matières "devraient" fonctionner ensemble. Le fait de conjuguer différents domaines du design nous permet d'échanger des idées sur le plan culturel mais également en termes de langage et de technologie. La gamme du design de produits manufacturés s'étend de l'artisanat à la production de masse. Nous tâchons de situer nos objets sur cette gamme à l'endroit qui leur convient le mieux, en fonction des besoins technologiques et culturels. Notre objectif est de créer des objets qui expriment ou transmettent un sens et une émotion au-delà de leur forme, de leur structure et de leur fabrication. Nous voulons éviter de souscrire à un dogme ou à une mode en produisant, non pas des archétypes, mais des objets innovateurs qui soient universellement compréhensibles et satisfaisants. A l'avenir, nous aspirons à servir d'interprètes entre l'industrie et le consommateur, les traducteurs de nos univers changeants. Les progrès technologiques permettront au design industriel de devenir une discipline vraiment expressive. » PEARSONLLOYD

1. **Easy** ligne de canapés pour Walter Knoll, 2002
2. ↓ **Flow** Fauteuil et repose-pieds pour Walter Knoll, 2001

3

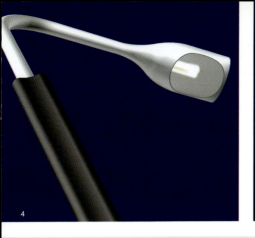

4

5

6

3. ← **Homer** unité de travail personnelle et
mobile pour Knoll International, 1997-98
4. **Westminster Eye** réverbère et
luminaire avec auvent pour Westminster City
Council, 1999-2001

5. **Westminster Eye** réverbère pour Westminster City Council, 1999-2001
6. **Executive** Bureau-ministre.
Alimentation par passe-fil en revêtement
massif intégré au plan de travail. Pour
Samas Roneo, 2001.

« Le meilleur est encore à venir. »

Jorge Pensi

Jorge Pensi, Jorge Pensi Diseño, Pza. Berenguer 1, 08 002 Barcelona, Spain
T +34 93 310 3279 F: +34 93 315 1370 pensi@idgrup.ibernet.com

« Un designer aborde un objet un peu comme un auteur, tissant une histoire visuelle et conceptuelle à partir d'une image originale qu'il a dans la tête. La principale différence est que le designer travaille généralement avec un commanditaire qui spécifie le thème et le cadre dans lequel le processus créatif doit se dérouler. Le client est la pierre d'achoppement du processus créatif, celui qui fera " croire " au designer à son inspiration avant même que n'apparaissent les premières images mentales (qui aient un sens). Dans certains projets, l'image est créée d'avance, alors que dans d'autres, il ne s'agit que d'un concept brut et flou qui doit être étayé par plusieurs modèles tridimensionnels et des prototypes.

Le designer vit entre deux mondes, le subjectif et l'objectif. Le premier se base sur des symboles, l'originalité et la nature relativement immuable et intrinsèque des objets. Il est lié à la magie de la créativité, à l'influence de l'histoire et de la mémoire, aux grands maîtres et visionnaires du design. Le second est le monde réel, qui dépend des marchés, des investissements, des coûts, des calendriers des fabricants et de la production. Le premier monde représente le désir et l'autre, la réalité. Plus nos désirs se rapprochent de la réalité, plus le design sera bon.

La capacité d'un objet à susciter des émotions vient d'un processus de développement, où les désirs ne peuvent être trahis par la réalité et où le lien entre les deux mondes reste intact. » JORGE PENSI

1. **Peppermint** fauteuil pour Kron, 2000
2. ↓ **Chocolate** canapé pour Perobell, 1999

4

3. ← **Duna** fauteuil pour Cassina, 1998
4. **Techne** sièges de bureau pour Kitto, 2000
5. **Nite** lampe suspendue pour B. Lux, 1998
6. **Hega** table & console pour Azcue, 2000
7. **Goya** bibliothèque pour Casprini, 1998

6

7

5

« Le design doit offrir aux gens une autre manière de vivre. Il doit répondre à leurs aspirations de bien-être et de bonheur. »

Christophe Pillet

Christophe Pillet, 81 Rue Saint-Maur, 75 011 Paris, France
T +33 1 48 06 78 31 F +33 1 48 06 78 32 cpillet@club-internet.fr

« Si, par le passé, le design s'est concentré principalement sur des solutions à des problèmes spécifiques de fonction, d'ergonomie et d'esthétique, à l'avenir, il tendra de plus en plus à se libérer de ces préoccupations pour se consacrer avant tout à l'invention d'environnements pour des particuliers. S'émancipant des systèmes qui l'ont généré, il travaillera à une échelle plus globale sur des modes de vie alternatifs et innovateurs, sur des scénarios imaginaires motivés par le désir d'un meilleur style de vie. » CHRISTOPHE PILLET

1. **Sunset Lounge** fauteuil pour Cappellini, 1998
2. ↓ **Ultra Living** canapé pour E&Y, 1998

3

4

5

6

3. ← Faitout pour le projet expérimental de micro-ondes **Pots and Pans** pour Whirlpool, 2000
4. **Video Lounge** chaise longue pour Domeau & Perès, 1998
5. **C&C** table à roulettes pour Fiam, 2000
6. **C&C** table pour Fiam, 2000

« Nous brouillons les typologies, mélangeons les références, manipulons les codes, les usages, les techniques et les formes. Nous nous amusons à réinventer nos habitudes quotidiennes. »

RADI Designers

RADI Designers, 89, rue de Turenne, 75 003 Paris, France
T +33 1 42 71 29 57 F +33 1 42 71 29 62 info@radidesigners.com www.radidesigners.com

« Nous travaillons ensemble ou en solo au sein de RADI, autour de projets variés tels que le design produit, la scénographie, l'architecture d'intérieur et le mobilier. Dans chacune de nos créations, nous cherchons à repenser l'environnement domestique, professionnel et public, à renouveler l'histoire de la vie quotidienne en réinventant les objets les plus usuels et en projetant de nouveaux usages. En tant que groupe, nous avons créé des objets provoquant un rapport intime entre l'imaginaire et la fonction. A travers ces objets nous aimons brouiller les codes, mélanger les références, manipuler les techniques et combiner les typologies de manière inédite.
En détournant les idées réçues, nous réinventons des façons d'interpréter et de toucher les choses autour de nous. En transposant notre philosophie du design dans des formes volontairement décalées, nous tentons d'une manière insolite d'imaginer demain. » RADI DESIGNERS

1. **Tempo Class** plateau-repas pour Air
France, Paris 2000
2. ↓ **Sleeping cat** tapis édition limitée pour
Galerie Kreo, Paris 1999.

5

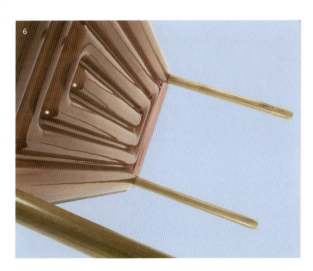

6

3.-4. ← **Fabulation** installation pour la
Fondation *Cartier pour l'art contemporain*,
Paris, 1999
5. **Do Cut Together** de la série **Do Create**,
Robert Stadler/RADI DESIGNERS, pour
Do-Foundation, 2001
6. **Twintable** table de la série Twin sheet,
pour Carte Blanche VIA, Paris 2000.

« Mon travail relie toujours la simplicité, la fonction et les valeurs esthétiques. »

Ingegerd Råman

Ingegerd Råman, Bergsgatan 53, 11 231 Stockholm, Sweden
T/F +46 8 650 2824 per.larsson@orrefors.se

« A l'avenir, les origines culturelles et géographiques du designer deviendront de plus en plus pertinentes. L'héritage et la tradition seront des stimulations importantes dans la création et l'interprétation des objets concrets. Toutefois, les qualités d'un objet particulier ne seront pas jugées sur ses seules formes et fonctions. Les designers devront prendre une part active à l'ensemble du processus industriel et s'investir dans la production de leur œuvre. Ils devraient participer au développement de nouveaux matériaux et techniques, tout en veillant à leur impact sur l'environnement et aux besoins énergétiques de leur production. Ils devraient être conscients de tous les aspects du processus complexe par lequel passent leurs créations pour être produites. Le rôle du designer sera donc semblable à celui d'un chercheur. Pour les jeunes artistes, le travail d'équipe sera d'une importance capitale dans la création d'un design indépendant et innovateur ».

INGEGERD RÅMAN

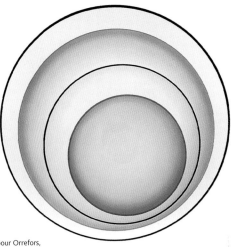

1.-2. **Babushka** coupes et carafe pour Orrefors, 2001

3. ← **Skyline** vases pour Orrefors, 2000
4. **A Drop of Water** carafe et verre pour Orrefors, 2000
5. **Slowfox** vase pour Orrefors, 2000

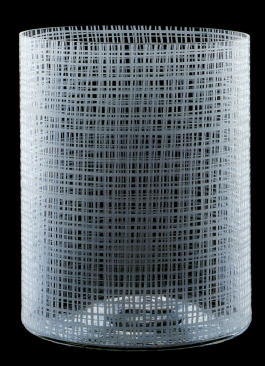

« Le design est l'expérience de la vie. »

Karim Rashid

Karim Rashid, 357, W 17th Street, New York, NY 10011, USA
T +1 212 929 8657 F +1 212 929 0247 office@karimrashid.com www.karimrashid.com

« Les produits doivent être en rapport avec nos émotions et enrichir l'imagination et l'expérience populaire. La diversité, la variété, la multiplicité et le changement font partie d'un ensemble de concepts. Le design industriel est un acte créatif, politique et physique. C'est un interactif qui dépasse la forme physique elle-même. Son résultat se manifeste par des lignes esthétiques, son contenu s'inspirant de toutes les possibilités de notre monde moderne.

Pour ce qui est des arguments controversés d'excès, de durabilité et de séduction du marché, j'estime que chaque nouvel objet devrait en remplacer trois. *La qualité des produits détermine le marché.* Les objets ne devraient pas être des obstacles mais des capteurs d'expérience. J'essaie d'en développer qui luttent contre le stress, qui apportent de la joie et simplifient nos tâches tout en augmentant notre degré d'implication et d'appréciation de la beauté. Lorsque nous vivons dans une alliance parfaite de beauté, de confort, de luxe, de performance et d'utilité, nos vies s'en trouvent enrichies. Elle n'est pas une question de goût mais une appréciation acquise, un processus empirique. Cette profondeur sous-jacente signifie que le contenu joue un rôle primordial dans la beauté des choses. Les peintures, les objets d'art, l'architecture, l'espace, tous expriment leur esthétique au travers de leur contenu. Le visuel et le concept ne font qu'un. Tout ce qui est beau a un contenu. » KARIM RASHID

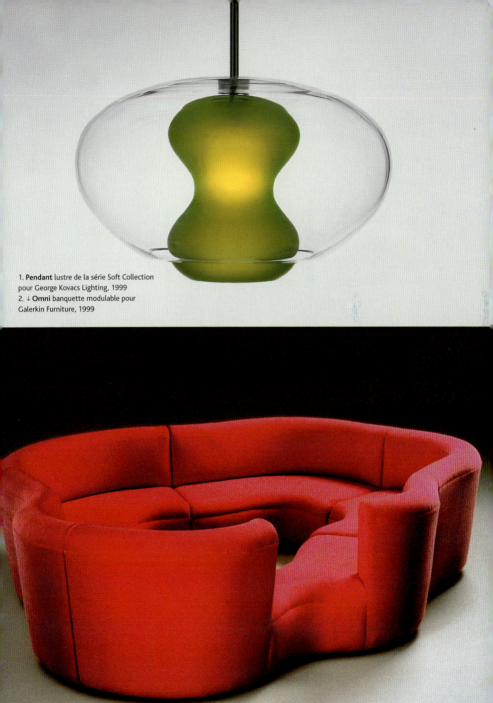

1. **Pendant** lustre de la série Soft Collection
pour George Kovacs Lighting, 1999
2. ↓ **Omni** banquette modulable pour
Galerkin Furniture, 1999

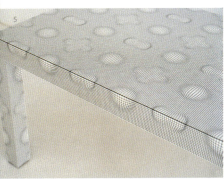

3. ← **OH** chaise encastrable pour Umbra, 1999
4. **Sofa One** canapé pour Galerkin Furniture, 1999
5. **Morphscape** table (pièce unique), 2000
6. **Sumo** bol, **Jambo** plateau, **Rimbowl** and **Tribowl** bols pour Umbra, 1999
7. **Garbo** and **Garbino** corbeilles à papier pour Umbra, 1996

« Des choix non technologiques pour une ère numérique. »

Timo Salli

Timo Salli, Muotoilutoimisto Salli Ltd., Meritullinkatu 11, 00 170 Helsinki, Finland
T +358 9 681 37700 F +358 9 278 2277 salli@timosalli.com

« Je m'interroge sur la manière dont nous regardons les choses et me demande si ce comportement justifie la création d'objets fonctionnels. Une cheminée peut elle remplacer une télévision ? Lorsqu'on les fixe du regard, toutes deux ont un but plus profond : elles effacent notre mémoire jusqu'à être téléchargées. Associer la fonction d'un miroir à celle d'une lampe est une manière de produire un double sens pour un même objet. Lorsque la lampe est éteinte, elle sert de miroir en réfléchissant la lumière du jour, tandis que le soir, elle sert à la fois de source lumineuse et de miroir, pour voir et être vu. Nos maisons sont saturées d'objets que nous ne remarquons plus. En réinterprétant les reliques du foyer, je vise un contact plus direct et profond entre les gens et les meubles. » TIMO SALLI

1. **Jack in the Box** meuble de télévision
(fabrication interne), 1997
2. ↓ **Zik Zak** chaise pliante (pièce unique
pour l'exposition *Snowcrash*), 1997

4

3. ← **Tramp** chauffeuse (prototype)
pour Cappellini, 1997
4. **LampLamp** lampe miroir (fabrication
interne), 2000
5. **Power Ranger** chaise (pièce unique),
1996
6. **TimoTimo** lustre (prototype), 1999

5

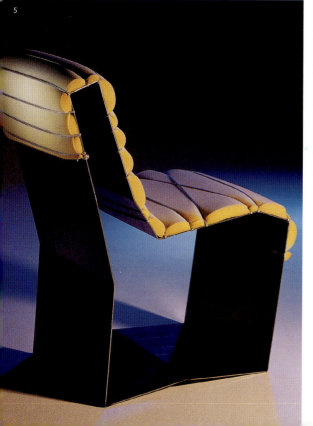

6

« Nous vivons dans une société qui accepte l'incertitude comme un principe et ne s'attache pas à la sécurité qui accompagne l'idéologie. »

SowdenDesign

Georg J. Sowden & Hiroshi Ono, SowdenDesign, Corso di Porta Nuova 46, 20 121 Milan, Italy
T +39 02 653 089 F +39 02 657 0228 milan@sowdendesign.com www.sowdendesign.com

« Le travail de notre studio se caractérise par le fait que nous traitons en même temps le design et l'ingénierie – les séparer serait artificiel. La manière dont les différents éléments sont assemblés est très importante, comme dans la couture ou la musique. L'ingénierie est aux produits ce que la précision de la coupe est au vêtement ou la sensibilité du doigté à la musique. L'ingénierie régie les industries de la fabrication. Celle-ci doit être réalisée avec soin : l'esthétique moderne, comme les modes de vie modernes, est très fragile. Je ne veux pas dire par là qu'elle est faible, mais qu'elle évolue rapidement, ne supporte pas le monumental et se nourrit de diversité. Il me semble tout à fait irréaliste de chercher à mettre de l'ordre dans notre environnement mais, si quelque chose peut donner un sens à cette fragilité, il faut le chercher dans la qualité de la fabrication tandis que nous construisons un collage toujours changeant d'objets non apparentés, qui devient le monde dans lequel nous vivons. » GEORGE J. SOWDEN

1. **Grille-pain** pour Guzzini, 2001
2. ↓ **Terminal internet public** pour
aéroports américains (aménagement
des cabines) pour Get2Net, 1999

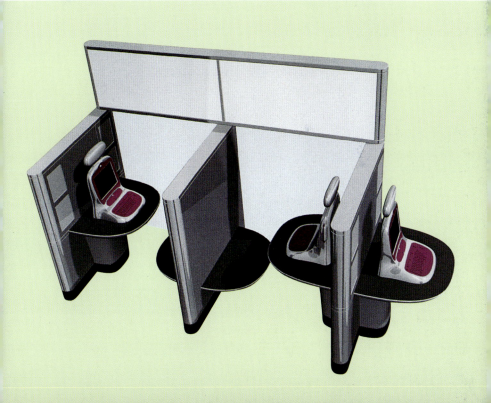

3

4

3. **Rotor 2000** téléphone public pour
I. P. M., 1998
4. **Poste public de télépone-Internet**
pour Nextera, 2000
5. **Rotor 2000** téléphone public connecté
à internet pour I. P. M., 1998
6. **Calculatrice** (étude pour Olivetti), 1999

5

6

« Le 21e siècle sera immatériel
et humain. »

Philippe Starck

Philippe Starck, Agence Philippe Starck, 18/20, rue du Faubourg du Temple, 75011 Paris, France
T +33 1 48 07 54 54 F +33 1 48 07 54 64 info@philippe-stark.com
www.philippe-starck.com

« Aujourd'hui, le problème est de ne pas produire plus afin de vendre plus. La question fondamentale est celle du droit du produit à exister. Le designer a le droit et le devoir de s'interroger sur la légitimité du produit, c'est là sa raison d'être. Selon la conclusion à laquelle il parvient, l'une des choses les plus positives qu'un designer puisse faire est de refuser de faire quoi que ce soit. Ce n'est pas toujours facile. Il devrait néanmoins refuser quand l'objet existe déjà et fonctionne parfaitement bien. Le répéter simplement serait un acte vénal, qui aurait de sérieuses conséquences, appauvrissant les richesses de la terre, limitant et ternissant l'esprit des gens … Nous devons remplacer la beauté, qui est un concept culturel, par la bonté, un concept humaniste. L'objet doit être de bonne qualité et satisfaire un des paramètres modernes essentiels, à savoir avoir la longévité … un bon produit est un produit qui dure. » PHILIPPE STARCK

1. **Low Cost** réveil pour Seven Eleven, 1998
2. ↓ **Gaoua** sac de voyage à roulettes pour Samsonite, 2000

3

4

6

7

3. **TeddyBearBand** nounours (Catalogue GOOD GOODS-La Redoute) pour Moulin Roty, 1998
4. **Motó 6,5** motocyclette pour Aprilia, 1995
5. **Low Cost** montre pour Seven Eleven, 1998
6.-7. **Starck with Virgin theme CD** (Catalogue GOOD GOODS-La Redoute) pour La Redoute, 1998

5

« Pour moi, le design est comme la poésie : absolu et précis, utilisant le moins de moyens possible pour obtenir le meilleur effet. »

Ilkka Suppanen

Ilkka Suppanen, Studio Ilkka Suppanen, Punavuorenkatu 1A 7b, 00 120 Helsinki, Finland
T +358 9 622 78737 F +358 9 622 3093 info@suppanen.com www.suppanen.com

« La situation du design aujourd'hui est la même que celle de la psychologie au 19ème siècle : une pratique avec très peu de recul et de réputation. A l'époque, la psychologie n'était même pas considérée comme une science. Elle ne l'est devenue que grâce aux travaux d'avant-garde de " M. " Freud. Or, comme nous le savons, le 20e siècle tout entier a été celui de la psychologie. En tant que discipline, elle n'est devenue l'une des sciences les plus populaires et citées que grâce à la persévérance et la forte personnalité de Freud.

Comme la psychologie à ses débuts, le design est une pratique qui, contrairement à sa grande sœur l'architecture, n'est pas encore considérée comme scientifiquement importante. J'aimerais pouvoir prédire que le design connaîtra un avenir similaire à celui qu'a connu autrefois la psychologie et que lui aussi deviendra un jour une science respectée. Peut-être faut-il pour cela qu'un pionnier de la puissance et de la portée de Freud fasse l'unanimité. » ILKKA SUPPANEN

1. **Game-shelf** étagère pour Snowcrash, 1999
2. ↓ **Flying carpet** canapé pour Cappellini, 1998

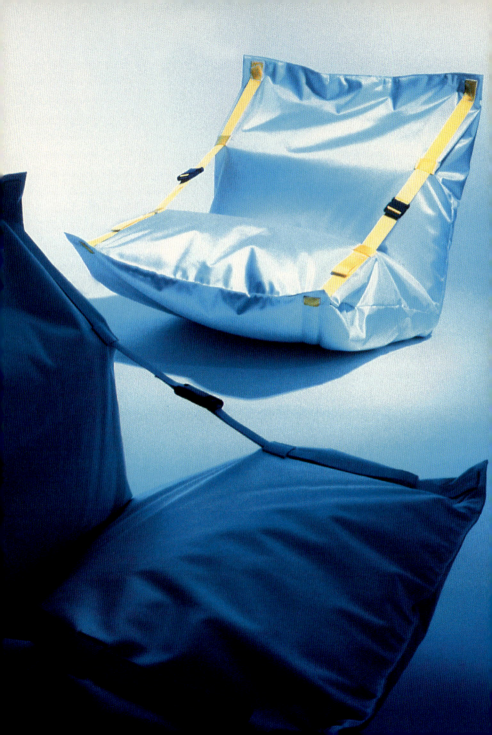

4

3. ← **Airbag** siège pour Snowcrash,
1997 – conçu en collaboration avec
Pasi Kolhonen
4. **Luminet** système de bureau pour
Luminet, 1996
5. Détail de **Airbag** siège pour Snowcrash,
1997 – conçu en collaboration avec
Pasi Kolhonen
6. **Roll-light** lampadaire pour Snowcrash,
1997

5

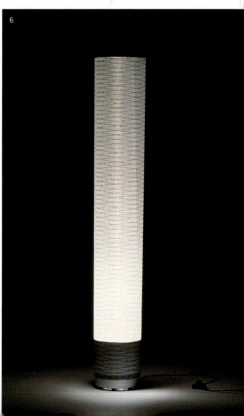

6

« Je me demande si toute invention
authentique n'est pas toujours liée à
une économie de moyens matériels
et physiques. »

Martin Szekely

Martin Szekely, 111 Rue des Pyrénées, 75 020 Paris, France
T +33 1 43 71 07 18 F +33 1 43 71 07 27 www.martinszekely.com

« Aujourd'hui mon travail m'apparaît comme une soustraction à
l'expressionisme du dessin. C'est dans ma relation au design industriel
et sa destination vers un public le plus large que cette notion s'est
imposée. J'ai pour ambition un résultat économe qui ne soit même
pas qualifiable de minimaliste. Un lieu commun. » MARTIN SZEKELY

1. **La Brique à Fleurs Vallauris** pot de fleurs
pour Galerie Kreo, 1998
2. ↓ **Table avec bancs** pour Galerie Kreo, 2000

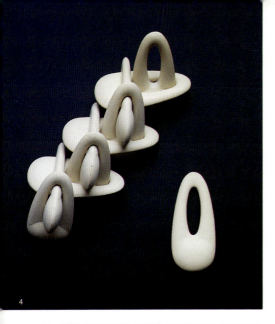

4

3. ← **Corolle** pylônes électriques pour Transel/
EDF, 1994
4. **Reine de Saba** bijouterie (chaîne et brace-
let), modèle en résine pour Hermès, 1996
5. **L'Armoire** armoire pour Galerie Kreo, 1999
6. **Cork** chaise en liège pour Galerie Kreo,
2000

5

6

« Les meilleurs produits sont issus
d'une pensée de design conjuguée à une
stratégie commerciale à long terme. »

Tangerine

Tangerine Product Direction and Design, 8, Baden Place, Crosby Row,
London SE1 1YW, England
T +44 20 7357 0966 F +33 20 7357 0784 martin@tangerine.net www.tangerine.net

« En ce début de 21ème siècle, il se passe des choses vraiment positives
dans le domaine des marques et du design multimédia. Les compagnies
commencent à comprendre que leur marque a une valeur immense,
exprimant bien plus que l'identité d'une entreprise ; dans de nombreux
cas, elle caractérise même l'attitude et le comportement de la com-
pagnie. La croissance du secteur du multimédia connectera les consommateurs aux compagnies de manières riches et variées, permettant
des formes de dialogue plus diverses et étendues. J'ai bon espoir qu'à
l'avenir les compagnies prendront conscience que les consommateurs ne sont jamais dupes très longtemps (j'en ai rencontré de nombreux exemples récemment). Les meilleurs produits ne viennent pas de
plannings basés sur la production des concurrents ni de gadgets pondus
par les départements de recherche et développement. On conçoit les
meilleurs produits en observant les gens et en apprenant comment ils
vivent, pensent, se comportent, etc ... Les designers peuvent ensuite
conjuguer leur philosophie, les marques et les produits avec les valeurs
de base de l'utilisateur afin de définir l'esprit et la substance d'articles
nouveaux et meilleurs. » TANGERINE

1. **Jasperware** design expérimental pour
Waterford Wedgwood, 1997
2. ↓ **Club World fauteuil & lit** pour
British Airways, 2000

3. **Chaplet** vidéophone électronique pour
Chaplet Information Systems, 1997

« Mon rôle de designer est de provoquer
le changement. »

Jean-Pierre Vitrac

Jean-Pierre Vitrac, Vitrac (Pool) Design Consultance, 98, Rue de l'Ouest, 75 014 Paris, France
T +33 1 40 44 09 50 F +33 1 40 44 7980 vitrac@design-pool.com www.design-pool.com

« Le design a un avenir ! Oui, mais lequel ? Ce qui est sûr, c'est que la
création – la créativité – aura de plus en plus de place dans nos sociétés. La tendance la plus forte de ces dernières années, c'est l'éclate-
ment des genres. La diversité des modes d'expression, la facilité et une
plus grande liberté de communication favorisent l'accès, de la part des
individus et des entreprises, à une conscience nouvelle : l'innovation,
comme une composante normale de toute entreprise (dans le sens
d'entreprendre).
Peu importe que les motivations soient la plupart du temps écono-
miques. Peu importe que l'on agisse dans des contextes de plus en plus
complexes – ce qui fait par ailleurs l'intérêt du métier de designer. La
réalité est que les besoins d'évolution amènent plus de réflexion, plus
de sens à nos productions. Beaucoup plus de gens se sentent concernés
et s'impliquent dans des démarches créatives. Plutôt que d'être entrai-
nés dans une sur-consommation de produits identiques, je pense que
ce mouvement sera sélectif et générera, dans l'avenir, plus de diversité,
plus de qualité. Et, en ce qui concerne le design, tout est ouvert. »

JEAN-PIERRE VITRAC

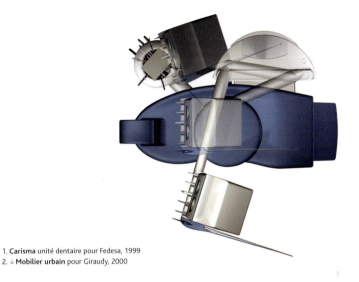

1. **Carisma** unité dentaire pour Fedesa, 1999
2. ↓ **Mobilier urbain** pour Giraudy, 2000

3. ← **Point d'information et de rencontre** pour Arcomat Mobilier Urbain, 1999
4. **Baby Move** poussette de voyage pour Marco Skates, 1999
5. **U.Bik** luminaire d'extérieur pour Noral, 1999
6. **Flash Vote** démocratie permanente pour Expo 2000
7. **Crossing Radio** poste de radio pour Arco Impex, 2001

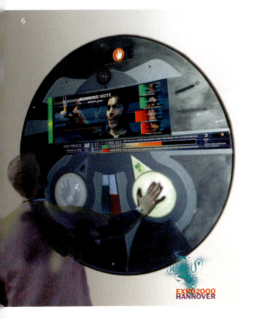

« Nous sommes ici pour créer un environnement d'amour, vivre avec passion et concrétiser nos rêves les plus-excitants. »

Marcel Wanders

Marcel Wanders, Jacob Catskade 35, 1052 BT Amsterdam, The Netherlands
T +31 20 422 1339 F +31 20 422 7519 marcel@marcelwanders.nl www.marcelwanders.com

« Notre culture manque de respect pour le passé. Nous préférons le nouveau à l'ancien. Tout ce qui est récent est considéré comme meilleur. Les nouvelles d'hier n'ont plus rien de nouveau. Les produits doivent être lisses, tendus et sans défauts. Hélas, il semblerait que cette obsession du neuf et de la jeunesse soit encore plus répandue chez les designers (moi y compris). Je les soupçonne d'avoir encore moins de respect pour le vieux que les autres, car créer du nouveau est leur métier. Nous souffrons de ce que j'ai appelé "la fixation sur la peau de bébé".

Comme j'aimerais que beaucoup de mes produits aient une relation à long terme avec leur utilisateur, j'utilise un mélange de métaphores nouvelles et anciennes dans les matières et les expressions matérielles que j'applique. En utilisant de vieilles métaphores dans mes produits, je communique un respect pour la vieillesse en général. Cela entraîne un vieillissement plus respectueux, plus acceptable et plus naturel de mes produits (ils vieillissent dignement). Ils ont la possibilité de gagner en qualité au cours de leur existence, ils sont plus durables et il est possible d'avoir avec eux une relation à long terme.

La longévité dans le domaine des idées, des relations, des objets, etc. permet non seulement de créer un monde où l'on gaspille moins, mais également des relations plus profondes et constructives avec notre environnement. » MARCEL WANDERS

1. **VIP** fauteuil pour Moooi, 2000
2. ↓ **Mur en tissu pour salle de restaurant** pour Co van der Horst, 1999

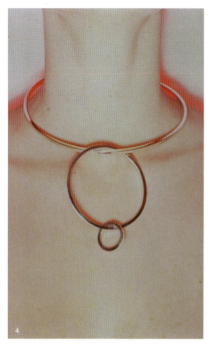

3. ← **Shadows Series** lampes et
lampadaires pour Cappellini, 1998
4. **Trinity collier** pour Chi ha paura, 1998
5. **Henna table** pour Cappellini, 2000
6. **Nomad tapis** pour Cappellini, 1999

« Je cherche simplement des manières nouvelles mais néanmoins rationnelles de réaliser des objets. »

Michael Young

Michael Young, MY Studio, PO Box 498, 121 Reykjavik, Iceland
T +354 561 2327 F +354 561 2315 michaelyoung@simnet.is www.michael-young.com

« A l'heure actuelle, les objets de designers ne constituent qu'un infime pourcentage du marché mondial. La majorité des produits sont des copies fabriquées en termes réels. La technologie d'aujourd'hui signifie qu'un objet conçu par un designer peut être copié par les concurrents travaillant sur le marché de masse en moins d'un an. A l'avenir, protéger une idée ou une innovation dans les techniques de fabrication devrait être de première importance, surtout dans la mesure où les programmes informatiques pourront bientôt "morpher" de manière aléatoire des objets d'une beauté surprenante sans l'aide de designers, tout en fournissant toutes les indications nécessaires à leur production. Sur le plan positif, le design se retrouvera ainsi dans une situation où l'aspect humain se situera dans l'innovation plutôt que dans le style. »

MICHAEL YOUNG

1. **MY 083** table pour Magis, 2001
2. ↓ **Armed chair** fauteuil pour Cappellini,
1999

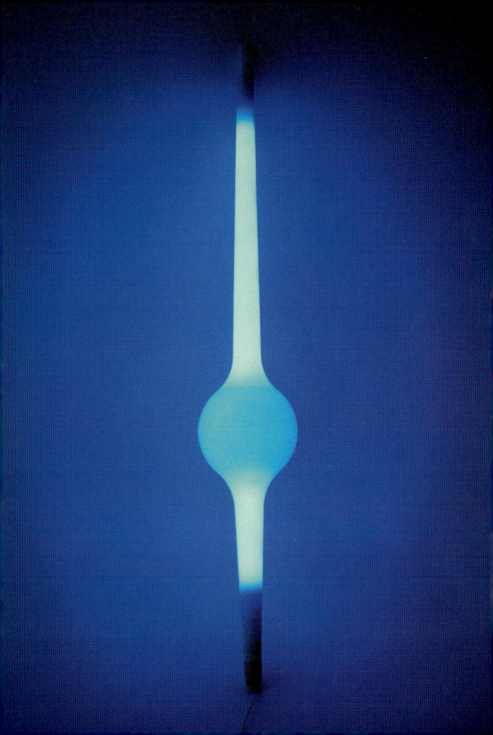

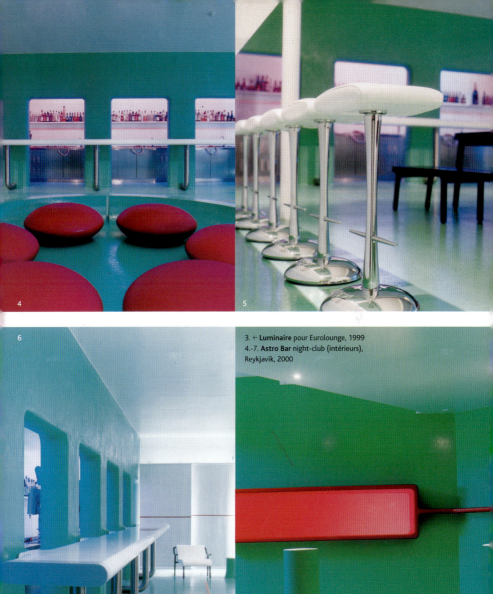

4

5

6

3. ← **Luminaire** pour Eurolounge, 1999
4.-7. **Astro Bar** night-club (intérieurs),
Reykjavik, 2000

Nous exprimons notre profonde reconnaissance aux créateurs, groupes de créateurs, photographes et fabricants qui nous ont permis de reproduire des images de leurs archives. L'éditeur a fait son possible pour respecter les droits de tiers. Dans l'éventualité où des cas particuliers nous auraient échappé, cet oubli sera dûment rectifié dans la mesure du possible.

L = à gauche
R = à droite
T = ci-dessus
C = au milieu
B = ci-dessous

ICONS